SIN COMPROMISO

Rune Larsen

Sin Compromiso

Publicado por Autor - Rune Larsen

www.SecretRevelations.com

ISBN; 978-82-93411-25-3

Diseño de portada por Panagiotis Lampridis

Prólogo

El camino correcto o el camino incorrecto

Estás manejando un automóvil, y de repente empieza a llover. Tu limpio y lindo parabrisas ahora se encuentra cubierto de agua y tierra. Inmediatamente, pierdes tu excelente visibilidad por una visibilidad nula. Hay una crisis, y hay que hacer algo. No puedes detenerte tampoco, porque detrás de ti viene un camión de 100.000 libras. Debes continuar. Pero si no haces algo en los siguientes 2 segundos, no solo pondrás en riesgo tu vida y la vida de los pasajeros, pero también pondrás en riesgo la vida de tráfico ajeno y tus alrededores.

Así que solo queda algo por hacer, agarra la palanca que está a la derecha de tu volante, hálalo hacia abajo, y los limpia-parabrisas resolverán el problema.

Los limpiaparabrisas empiezan a limpiar y lavar con agua las moscas, tierra, y otras legumbres que terminan siendo arrastrados y desechados.

-Tienes una herramienta que fue diseñado para ayudarte a ver mejor.

Lo mismo es para un Cristiano. El Cristiano tiene herramientas del Señor para usarlas en la predicación del evangelio a un mundo perdido y en decadencia.

-Pero si no quieres usar las herramientas, el cual primordial-mente incluye la obediencia, serás cegado por tu desobediencia.

Escucha;

"Para los **no creyentes**, a quienes el Dios de este sistema les ha **cegado la mente**, a fin de que no brille sobre ellos la luz de las gloriosas buenas noticias acerca del Cristo, que es la imagen de Dios". (2 Corintios 4:4 KJV)

(1) Cegado

Cegado es de la palabra Griega, Tuphloo, y significa; La acción de cegar, el oscurecer.

-Tu falta de fe te hace ciego, para que no puedas ver la verdad. (Discernir-entender)

(2) Mente

En el mismo versículo, también leemos la palabra: **mente**.

Mente viene de la palabra Griega; Noema, lo cual significa; Una percepción, lo cual es, Propósito, o (por implicación) el intelecto, mente, pensamiento.

En este versículo, vemos que Satanás tiene acceso total a tu intelecto y a tus pensamientos. Cuando Satanás ciega tus pensamientos, tus pensamientos son espirituales. De la misma forma, tus palabras son espirituales. Todo lo que dices, todo lo que piensas es espiritual.

-Por lo tanto, todo lo que hacemos y lo que pensamos debe llevarse a cabo de acuerdo a la palabra revelada de Dios, no de acuerdo a nuestros pensamientos y tentaciones seductivas más recientes.

(3) **No creyentes**

Veamos lo que significa; No creyentes. Griego; Apistos. Apistos tiene varios significados; Uno de ellos es; **Infiel**. Infiel significa; Aquellos que no creen los principios fundamentales de la fe de uno. (literalmente engañar a su fe)

Si elegimos en participar a lo que la Biblia refiere como pecado, inmediatamente somos uno más que promueve el reino de Satanás. No solo somos seducidos, pero elegimos serlo.
No podemos culpar a Satanás por esto ya que somos responsables por nuestras propias acciones.

Cuando eliges ser obediente al Señor, empezarás a ver y entender. Esto no es un 'evento' que ocurre una sola vez, pero algo en lo que debes vivir diariamente.

El primer paso de la obediencia es;

Busca a Dios con todo tu corazón, empieza por dar testimonio a otros de lo que ha hecho Dios por ti.

Escucha;
"Porque en un tiempo ustedes eran oscuridad, pero ahora son luz en unión con el Señor, **Sigan andando como hijos de la luz**". (Efesios 5:8)

Pero, ¿qué sucede cuando desobedeces al Señor? Pues, entonces te haces infiel, y le facilitas a Satanás en tomar control de tu volante.

Los limpiaparabrisas que solían aclarar tu visión y entendimiento ahora serán invertidos.

-El dios de este mundo ha cegado la mente de los no creyentes.

La inversión de los parabrisas significa que ya no puedes ver con claridad, ni entender que es muy necesario que entiendas. La humildad siempre va mano a mano con la obediencia. Y si el Señor dice algo, debes estar dispuesto a hacerlo.

Si no - llevas una vida de un incrédulo. (Desobediente)

Escucha;

"El que dice "Y he llegado a conocerlo" pero no obedece sus mandamientos **es un mentiroso**, y la verdad no está en el. Pero, si alguien obedece su palabra, el amor a Dios realmente se ha hecho perfecto en él". (1 Juan 2:4-5)

Notas;

_____

_____

_____

_____

_____

_____

Introducción

Sin Compromiso es un libro de discipulado basado en la biblia, y usa la Santa Biblia como libro de texto.
Contiene 13 lecciones, con aproximadamente 9-15 preguntas en cada lección. Esto te da más de 130 preguntas con los que puedes estudiar.

El propósito de un libro de estudio como este es que deberías estudiarlo con la Biblia para entender las preguntas por tu cuenta. Intenta no ir directamente a la respuesta, más bien trata de meditar las preguntas en sí. Si hay un versículo bíblico en la pregunta, busca la escritura, y estúdialo.
Algunas preguntas se manifestarán al leer el versículo bíblico, mientras que otros exigirán más de ti, dependiendo de tu entendimiento espiritual.

Adentrarse a la revelada Palabra de Dios es un proceso demandante que solo puede lograrse a través de la obediencia a la Palabra de Dios.

Entre más disposición le muestres por querer ser su discípulo, tendrás más entendimiento del Señor y sus palabras.

Algunas de las preguntas parecen simples. Pero el empezar a estudiar con las escrituras es necesario para hacer contacto con el hacedor de la palabra dentro de ti. (Santiago 1:22)

Tus fundamentos bíblicos y acciones dan camino a la sabiduría y el entendimiento. (Revelaciones)

La Biblia

La Biblia no es un libro para que un hombre solo lo lea, ni es un libro entretenido. Es un libro divino que proviene del Señor, y contiene muchas historias con el propósito de concedernos nuevas revelaciones.

La Biblia es un libro de ejercicios que debe ser trabajado tal como vas al trabajo todos los días.

Vemos el siguiente ejemplo del capítulo uno en este libro.

1. ¿Qué pasará si no perdonas las faltas de otros?
(Mateo 6:14)

_____

Respuesta; El Señor no perdonará tus faltas.

Aquí ves la pregunta 1 y puedes ver la respuesta debajo de la línea subrayada.

Las preguntas que encontrarás en el Capítulo 1 no tendrán las respuestas como se muestra aquí. Están separados por capítulo tras capítulo 1-2-3 etc.

No busques por adelantado las respuestas, pero resuelve las preguntas con ayuda de la Biblia para encontrar las revelaciones en ellas.

2. Sin Revelaciones Divinas, la gente perecerá.

¿Qué significa revelación? Significa revelar algo que estuvo oculto.

Las revelaciones no pueden ser comprendidas con el razonamiento de la mente.

-Son revelados a ti por el Señor.

(1) ¿Que dice la biblia sobre las revelaciones?

Leamos la primera parte de 1 Pedro 4:11; "Si alguien habla, que lo haga **como** quien transmite las **declaraciones** de Dios…"

Si alguien habla, ahora debemos prestar atención a lo que haremos aquí.

La siguiente palabra es **declaraciones**. Declaraciones viene de la palabra Griega; Logion, y significa; Un **Enunciado** (de Dios) - declaración.

-Enunciado; Una palabra hablada. (De Dios a ti)

Entonces el uso práctico de 1 Pedro 4:11 sería así; El que habla (quien sea) hablará de sus revelaciones divinas.

-Nada más.

Escrituras; No para citar propósitos, pero para enseñar propósitos

Bajo ninguna circunstancia, deberás citar escrituras bíblicas una y otra vez como mucho lo hacen hoy. Si alguien lo hace, la cuestión no sería que tan maduro son en sentido espiritual, más bien demuestra que no son maduros en Cristo en lo absoluto.

-Bajo ninguna circunstancia, deberás hablar, enseñar, predicar sobre cualquier cosa que no sea revelado a ti por Dios.

(2) ¿Qué pasará si no obtienes ninguna revelación divina en tu vida Cristiana?

-Presta atención a lo que está escrito aquí. La palabra de Dios es lo que importa, no tus sentimientos ni lo que tú 'amable' pastor diga. (En caso que tengas uno)

Escucha;
"Donde no hay **visión**, la gente **perecerá**: pero los que obedecen la ley son felices". (Proverbios 29:18 KJV)

Leemos la palabra **visión**. Es de la palabra Hebrea; Chazown. Significa **Revelaciones**.

La siguiente palabra en Proverbios 29:18 es; **Perecerá**; Hebreo: para, y significa; **Muerte espiritual - desvío**.

¡Aquellos que no obtengan revelaciones del señor se desviarán a una muerte spiritual!

¿Desviarse a una muerte espiritual? Ahora puedes entender que tan en serio debes tomar al Señor en tu vida.

Santiago 1:22

Veamos lo que dice el libro de Santiago sobre como debes relacionarte a la palabra de Dios. **La fe sin obras está muerta.**

"Pongan en práctica la palabra y no se limiten a oírla, engañándose a sí mismos con razonamientos falsos".
(Santiago 1:22)

Notas;

_____

_____

_____

_____

_____

_____

_____

_____

_____

_____

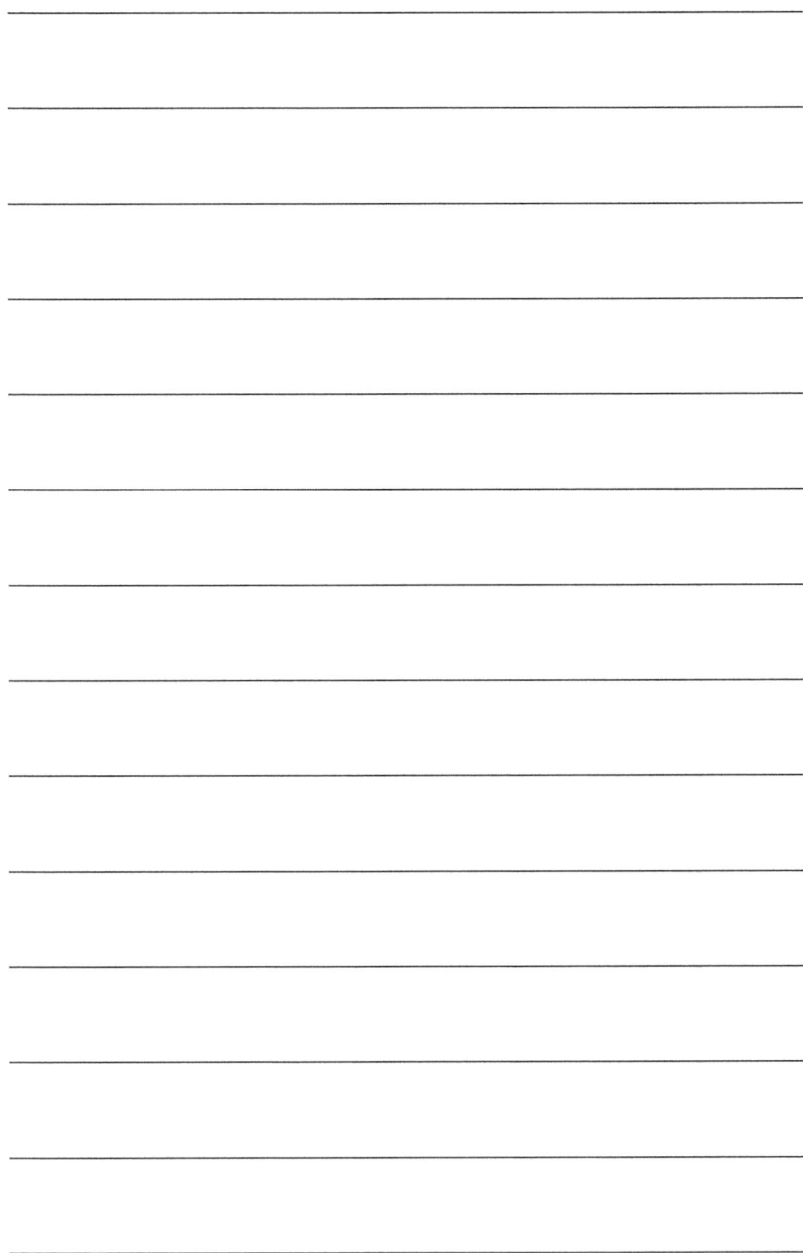

CONTENIDO

Enseñanza Básica de la Biblia

1. ¿Qué pasará si no perdonas las faltas de otras personas? (Mateo 6:14)

_____

_____

2. ¿Cuán grande debe ser tu fe para orar por los enfermos? (Lucas 17:6)

_____

_____

3. ¿Qué le sucederá a los malvados? (1 Corintios 6:9)

_____

_____

_____

2

4. ¿Qué tipo de amor ofrece Dios en Juan 3:16?
(2 Pedro 3:9)

_____

_____

_____

5. Si compartes una relación con el Señor, ¿qué es lo que harás? (Juan 14:15)

_____

_____

6. ¿Cuál es el estado actual del planeta Tierra?
(1 Juan 5:19)

_____

_____

7. ¿Qué le pasará a un calumniador si no se arrepiente? (Salmos 101:5)

_____

_____

8. ¿Qué revelan nuestras palabras? (Mateo 12:33-35)

_____

_____

9. ¿Qué le sucederá a todos los mentirosos?
(Proverbios 19:9)

_____

10. ¿Qué se encuentra en el evangelio? (Romanos 1:17)

_____

_____

11. ¿Cual son los nombres de los 12 Apóstoles?
(Mateo 10:2-4)

1_____ 2_____ 3_____

4_____ 5_____ 6_____

7_____ 8_____ 9_____

10_____ 11_____ 12_____

_____

4

12. ¿Quien reemplazó a Judas Iscariote? (Hechos 1:23-26)

_____

13. ¿Qué dijo Jesús cada vez que fue tentado por Satanás? (Mateo 4:4, 7, 10)

4:4_____

4:7_____

4:10_____

14. ¿Es el arrepentimiento suficiente para ser salvo? O ¿acaso necesitamos arrepentirnos y nacer de nuevo? (Juan 3:3)

1_____

2_____

_____

_____

15. ¿Con que propósito vino Jesús a la tierra? (1 Juan 3:8)

_____

_____

16. ¿Qué deben hacer todos los creyentes? (Hebreos 12:14)

_____

17. ¿Qué pasará si no persigues la Santidad?
(Hebreos 12:14)

_____

18. ¿Salvará Dios a los malvados? (Juan 3:5)

_____

_____

_____

Notas;

_____

_____

_____

_____

Respuestas a la Lección 1
Enseñanza Básica de la Biblia

1. El Señor no perdonará tus faltas.

El amor y el perdón son las palabras y acciones más poderosas que puede usar el hombre.

2. Solo cree, y luego actúa en lo que crees. (Marcos 16:18)

3. Ellos no heredarán el reino de Dios.

4. El amor de Dios deja una puerta abierta para los malvados para que entren con el arrepentimiento de sus pecados, nacer de nuevo, y vivir la vida en este mundo con obediencia a Cristo.

5. Mantendrás sus mandamientos.

6. El mundo entero se encuentra bajo el poder del maligno. (Satanás)

7. El castigo de Dios golpeará al calumniador.

8. Nuestras palabras revelan lo que hay en nuestro corazón.

9. Ellos perecerán.

10. En el Evangelio se encuentra la veracidad de Dios.

11.

Estos son los nombres de los doce apóstoles: primero, Simón, quien se llama **Pedro**, y su hermano **Andrés**; **Santiago** el hijo de Zebedeo, y **Juan**, su hermano; **Felipe** y **Bartolomé**; **Tomás** y **Mateo** el cobrador de impuestos; **Santiago** hijo de Alfeo, y **Tadeo**; **Simón** el Cananita, y **Judas Iscariote**, quien más tarde traicionó a Jesús.

12. Matías.

13. Está escrito.

Jesús solo se refirió a lo que dicen las escrituras. Su opinión de la carne no era una opción. Lo mismo va para ti hoy en día. -Lo que está escrito, es en lo que actuamos. (Santiago 1:22)

14.
(1) No.

(2) Debemos arrepentirnos, dedicar nuestras vidas a Jesús Cristo y nacer de nuevo. Este es el primer paso a una vida con Cristo.

15. Para destruir las obras de Satanás.

16. Perseguir la Santidad.

Paso numero 1 al camino de la Santidad después de que hayas nacido de nuevo; Empieza a dar testimonio a los que te rodean de lo que ha hecho Jesús Cristo por ti. Entonces estarás cumpliendo lo que dice Marcos 16:15.

17. No verás al Señor.

18. Solo si se arrepienten, dedican su vida a Cristo, y nacen de nuevo.

Notas;

_____

_____

_____

_____

_____

_____

_____

_____

_____

Abnegación

Una Definición de Humildad

El mundo define la humildad como el hacerse inferior en relación a los demás. Un estado de humildad, libre de orgullo, y arrogancia. Teniendo una opinión modesta o una estimación del valor de uno.

-El ser una alfombra para los demás no tiene nada que ver con la humildad.

La humildad es un poder bajo control.

El orgullo es el opuesto de la humildad

Leamos Santiago 4:6; "Dios se opone a los arrogantes, pero les muestra bondad inmerecida a los humildes".

La palabra **opone**. Griego; Antitiaso, lo cual significa; Extender batalla en contra alguien.

-Cuando el Señor batalla con el orgulloso, es porque la gente orgullosa están haciendo lo mismo con él con su orgullo e incredulidad.

Mateo 18:1-4 dice;

"En esa ocasión, los discípulos se acercaron a Jesús y le preguntaron; "Entonces, ¿quién es el mayor en el Reino de los cielos?"

Así que él llamó a un niño, lo puso en medio de ellos y les dijo;
"Les aseguro que, a no ser que cambien y lleguen a ser como
niños, nunca van a entrar en el Reino de los cielos. Por eso, el
que se haga humilde como este niño es el mayor en el Reino de
los cielos".

Tomen nota;

No dice, Se infantil. Si no terminaríamos siendo alfombras para
los demás. (¿Recuerdas lo mencionado anteriormente en la sec-
ción?)

-Dice, El que se haga humilde como este niño es el mayor en el
Reino de los cielos.

No está diciendo que seamos infantiles, pero que seamos como
los niños. Hay una gran diferencia.

Los niños son humildes por naturaleza. Y quien sea humilde, es
enseñable a Cristo y a las realidades de la vida.

-El Señor no puede llenar a una persona con revelaciones divinas si solo piensan en sí mismo.

1. **En Salmos 49:15, leemos**, "Pero Dios me rescatará del poder
de la Tumba, porque él me tomará de allí. (Sélah) ".

¿Qué significa este versículo?

_____

_____

2. Leamos Mateo 16:24;

"Entonces Jesús les dijo a sus discípulos: "Si alguien quiere ser mi seguidor, que renuncie a sí mismo, que tome su madero de tormento y me siga constantemente".

En esta escritura, leemos la palabra renuncie. Renunciar también significa; El abstenerse; Restringirse de hacer o de disfrutar algo.

Abstener; Verbo (usado sin objetivo) el estar dispuesto a frenarse, en especial de algo impropio o malsano. El contenerse deliberadamente y frecuentemente con esfuerzo de renunciar a una acción o práctica.

Toda obra de la carne, todo tipo de rechazo a ser un hacedor de la palabra de la forma que Cristo nos pide que lo hagamos, es nada más que un gran obstáculo en toda la Cristiandad.
Una cosa es que nunca podrás entrar al camino de la Santidad si no estás dispuesto en abstenerte de las actividades pecaminosas.

Puede haber libros escritos sobre este tema, pero es mucho más vital que empieces a obedecer a Cristo en todos los asuntos de la vida. Si eligieras a Cristo, empezarías a entender las cosas pequeñas.

_____

_____

3. El autoengaño es común para los malvados.

"Pero al final se une a la generación de sus antepasados. Ellos nunca más volverán a ver la **luz**. Un hombre que no entiende esto, por muchos honores que reciba, no es mejor que los animales, que mueren". (Salmos 49:19-20)

La palabra **luz**, Hebreo: ra'ah, significa visiones.

No es la visión del 'pastor' en la que debes tomar parte. No es la visión de la 'congregación en la que debes tomar parte, porque estas 'visiones' tienden a ser nada más que control.

Tú eres quien debe tener la visión de obediencia en Cristo. Eres tu quien debe decidir el seguir a Cristo, como dicen las escrituras.
Si no recibes ninguna visión sobre tu obediencia a Cristo, ni de ser un servidor para otros, ni de predicarle el evangelio a los perdidos, será por tu autoengaño.

4. El autoengaño se convierte en pensamientos como;

(1) Deuteronomio 29:19_____

_____

(2) Proverbios 14:12_____

_____

(3) Isaías 56:12_____

_____

(4) Lucas 18:11_____

_____

(5) Salmos 10:11_____

_____

(6) Salmos 10:6_____

_____

(7) Mateo 7:21_____

_____

(8) Revelación 3:17_____

_____

_____

_____

_____

5. Ejemplos de abnegación;

(1) Santiago y Juan and John. (Marcos 1:16-20)

(2) Los primeros Cristianos. (Hechos 2:45)

(3) Moisés. (Hebreos 11:24-25)

(4) La pobre viuda. (Lucas 21:4)

(5) Pablo. (Hechos 20:24)

(6) Los apóstoles. (Mateo 19:27)

6. La abnegación es practicado por;

(1) Gálatas 5:24_____

_____

(2) 1 Pedro 2:11_____

_____

(3) Romanos 14:20-21_____

_____

(4) Lucas 3:11_____

_____

(5) 1 Corintios 10:23_____

_____

(6) 1 Pedro 4:2_____

_____

(7) Titos 2:12 - Romanos 6:12_____

_____

_____

(8) Lucas 14:33_____

_____

(9) Mateo 8:21-22_____

_____

(10) Mateo 10:38_____

_____

(11) Mateo 16:25-26_____

_____

(12) Romanos 8:13_____

_____

(13) 2 Pedro 1:4_____

_____

7. Aquí tienes unas escrituras que referencian a la humildad para que medites en ellas;

Efesios 4:12, Filipenses 2:3, Proverbios 11:2, 1 Pedro 3:3-4, Santiago 4:10, Colosenses 3:12, Proverbios 29:23, Santiago 3:13, Mateo 11:29-30, Proverbios 18:12, Marcos 9:35, Proverbios 15:33.

8. Características de la Nueva Personalidad;

¿Qué dice Colosenses 3?

(1) Versículo 1_____

_____

(2) Versículo 2_____

_____

(3) Versículo 8_____

_____

(4) Versículo 12_____

_____

(5) ¿Que se encuentra por encima de todas estas cosas?
(Versículo 14)

_____

_____

9. ¿Qué pasa con los que no tienen raíces profundas en
Cristo? (Lucas 8:13)

_____

_____

10. ¿Qué heredarán los creyentes? (Hebreos 1:14)

_____

11. ¿Qué deberás hacer con las palabras que hablas?
(Proverbios 13:3)

_____

_____

_____

12. **Leamos 1 Juan 5:2;**

"Por esto sabemos que amamos a los hijos de Dios: si amamos a Dios y cumplimos sus mandamientos".

¿Cuál es tu amor por Dios? (1 Juan 5:3)

_____

_____

_____

Aquellos que no toleran la doctrina sana, su no para el Señor, luego se vuelve más grande que su Sí.

Notas;

_____

_____

Respuestas a la Lección 2
Abnegación

1. La Muerte y el Hades se han apoderado de todos los que confían en sí mismo y en lo que tiene.

4. El autoengaño se convierte en pensamientos como;

(1) Podemos tener paz en el pecado.

(2) Nuestros propios caminos son rectos.

(3) Viviremos por mucho tiempo.

(4) Somos mejores que otros.

(5) Dios no ve nuestros pecados.

(6) Estamos fuera de peligro.

(7) Los dones espirituales y lo parecido lleva directamente cielo.

(8) Somos ricos en sentido spiritual.

6. La abnegación es practicado por;

(1) Crucificar la carne.

(2) Aléjate de los deseos carnales.

(3) Buscar lo mejor en los demás.

(4) Compartir con otros.

(5) Abandonar lo permisible.

(6) Rechazar deseos humanos.

(7) Negar la maldad y el espíritu del mundo.

(8) Abandonar todo.

(9) Sacrificar tofo por el bien de Cristo.

(10) Tomar la cruz y seguir a Cristo.

(11) El peligro de descuidarse.

(12) Salariado.

(13) El resultado bendito.

8. Las características de la Nueva Personalidad.

¿Qué dice Colosenses 3?

(1) No carnalidad, pero Cristo.

(2) Ocupa (obediencia) tu mente en las cosas de arriba, no en las coas del mundo.

(3) **Desechen**: molestia, furia, malicia, blasfemia, lenguaje vulgar de su boca.

(4) Vive la nueva vida, ten misericordia, amabilidad, humildad, mansedumbre, paciencia.

(5) Amor.

9. Aquellos que no tengan raíces caerán en el juicio.

10. Salvación.

11. Guarda tus palabras, que nada corrupto salga de tu boca.

12. El amor de Dios es que mantengamos sus mandamientos. (¿Recuerdas Marcos 16:5?)

Notas;

_____

_____

_____

_____

_____

_____

Consecuencias

La mayoría de los creyentes viven sus vidas sin pensar mucho en sus responsabilidades con el Señor.

-El disgusto de ser un hacedor de la palabra ciega sus vidas. (¿Recuerdas el prólogo de este libro?)

Cuando vemos la ira de Dios a lo largo del Antiguo Testamento, es porque la gente no se humillaba ante él. Si lo hubieran hecho, la situación actual del mundo sería diferente.

Los creyentes hoy no son más humildes de lo que solían ser antes. Por lo tanto, vemos confusión spiritual entre los que afirman ser Cristianos.

La consecuencia de no obedecer al Señor provocará su ira hoy dado a que él no ha cambiado en ningún aspecto desde el comienzo del tiempo. (Hebreos 13:8)

1. ¿Que estamos haciendo al decir que no tenemos ningún pecado? (1 Juan 1:10)

_____

_____

2. ¿Cuál es el salario del pecado? (Romanos 6:23)

_____

3. ¿Podrán salvarse los que no han nacido de nuevo?
(Juan 3:3)

_____

4. ¿Cuál es la consecuencia del pecado de Adán?
(Romanos 5:12)

_____

_____

5. ¿Existe alguien en este mundo que no haya pecado?
(Romanos 3:10)

_____

6. ¿Cuál es la consecuencia para los que practican la
homosexualidad? (1 Corintios 6:9-10)

_____

_____

_____

7. ¿Cuál es la consecuencia de no ser un hacedor de la palabra, pero solo un oidor de la palabra? (Santiago 1:22)

_____

_____

8. ¿Hay consecuencias al usar tu orgullo para negar el camino del Señor con tus acciones? (Proverbios 11:2)

_____

9. ¿Qué viene antes de la destrucción? (Santiago 4:6)

_____

10. ¿Existe alguna consecuencia de ir a la 'iglesia' cada Domingo, pero no nacer de Nuevo y vivir una vida en la voluntad del Señor? (Juan 3:3)

_____

_____

11. ¿Existen consecuencias de no obtener conocimiento a través de revelaciones?

_____

26

_____

_____

12. ¿Cuál es la consecuencia de un hombre justo?
(Proverbios 14:12)

_____

_____

13. ¿Son para ti los mandamientos de Dios una carga?
(1 Juan 5:3)

_____

14. ¿Te tentará Dios alguna vez? (Santiago 1:13)

_____

15. ¿Cuáles son las consecuencias de no nacer de nuevo? (Juan 3:3)

_____

_____

Respuestas a la Lección 3
Consecuencias

1. Hacemos que él (Dios) parezca como un mentiroso.

"Si decimos que no hemos pecado, lo estamos haciendo quedar como un mentiroso y su palabra no está en nosotros".
(1 Juan 1:10)

El pecado invade áreas en el que no están permitidos. Si haces lo opuesto (tu no a su sí) a lo que dice el Señor, habrás pecado.

2. Muerte.

El salario del pecado es la muerte. La muerte significa condenación eterna.
Condenación eternal es el resultado para todos los que viven una vida impulsada por la carne.

En Juan 3:5, leemos, "Jesús le contestó: "De verdad te aseguro que, si uno no nace del agua y del espíritu, no puede entrar en el Reino de Dios".

(1) Nacido del agua significa; Este es nuestro nacimiento físico. Fuiste formado por nueve meses dentro del agua del vientre de tu madre, y luego ella dio a luz.

(2) Nacido del Espíritu significa; Este es nuestro renacimiento Espiritual.

Juan 3:3 nos muestra la gran importancia del renacimiento Espiritual; "De verdad te aseguro que, si uno no nace de nuevo, no puede ver el reino de Dios".

3. No.

4. El Pecado y la Muerte entró en el mundo.

5. No.

6. Si. No heredarán el reino de Dios.

7. Te estás engañando.

Leamos lo que dice Santiago 1:22. "Sin embargo, pongan en práctica la palabra y no se limiten a oírla, engañándose a sí mismos con razonamientos falsos".

Al final de este versículo, encuentras mencionado: Engañándose a sí mismos. La palabra: engañándose significa; (1) Malentender. (2) Engañar.

(1) **Malentender**
-Cuando malentiendes la palabra de Dios, has creído una mentira de Satanás. No estuviste dispuesto a empezar actuando en lo que te decía la palabra de Dios, en lugar de eso elegiste la mentira.
Por ejemplo, Cristo les da a todos sus creyentes una misión mandada en Marcos 16:15. Esto te aplica a ti dado a que lo has leído.

Si no creyeras en esto, malentenderías la verdad al creer en la mentira de Satanás. Y la mentira es, Yo no tengo 'ese' llamado, o; Mi llamado es otro, y así.

(2) Engañar

El significado de; engañar (un verbo); El persuadir, atraer, o interesarle a alguien, a veces para engañarlos.

-Su belleza lo sedujo por completo.

-El vendedor lo engañó para que comprara un automóvil que no quería.

-Satanás y todos los 'creyentes' desobedientes te engañan con mentiras para que así no puedas ver o actuar en la verdad del Señor.

Sinónimos de Engañar - Cautivar, hechizar, hechizo.

Cuando escuchas a las personas que afirman que ellos no tienen el llamado para predicar el evangelio a los perdidos, escuchas las palabras de los que se encuentran cautivados.

Palabras cautivadoras habladas de otros - Pensamientos engañosos de Satanás. Cuando crees en esto como el ejemplo de la misión mandada en Marcos 16:15, te has engañado.

Aun si 'solo' has escuchado las mentiras de otros, eres tu quien es responsable por tomar todas las decisiones correctas en tu vida.

-Así es como de engañas.

8. Si.

Leamos lo que dice Proverbios 11:2. "Cuando llega el orgullo, llega también la deshonra, pero la sabiduría está con los modestos".

La palabra **orgullo** es de la palabra Hebrea zadown. Significa; Arrogancia, presuntuosamente, orgullo, orgulloso.

La siguiente palabra en Proverbios 11:2 es quizás una de las palabras más importantes cuando se refiere al orgullo y lo que sucede cuando dejamos que el orgullo entre a nuestras vidas ya nuestras decisiones.
-Leemos la palabra; **Vergüenza**.
Vergüenza es de la palabra Hebrea qalown. Lo cual significa: deshonra, vergüenza, **confusión**.

Volvamos a leer Proverbios 11:2, pero esta vez con una revelación; Cuando usas el orgullo en tu vida - acciones, la confusión viene detrás de ella.

Aquí está una de las principales causas de por qué los creyentes no quieren predicar el evangelio a los perdidos. Muchos dejan que el orgullo controle sus decisiones emocionales, escuchando a otros y los pensamientos engañosos de Satanás en lugar de la palabra de Dios. Cuando adaptas la confusión a tu vida como creyente, será difícil entrar a un entendimiento (revelaciones) de quien es el Señor y qué es lo que él quiere. (Para ti)

9. Orgullo.

10. Si. Esa persona no está salvo.

11. Si. Si no puedes recibir revelaciones de la palabra del Señor, es una revelación de los sentidos (engaños de Satanás) en los que has puesto tu confianza.

Leamos Proverbios 29:18 de la Biblia King James Version; "Donde no hay visión, el pueblo perecerá, pero los obedecen la ley son felices".

(1) La palabra visión es de la palabra Hebrea: Chazown, y significa Revelación.

Aquí está una revelación de la palabra visión en Proverbios 29:18 con una explicación.
-Si no tienes ninguna revelación, estarás desnudo en el entendimiento de la palabra de Dios y en tus caminos con el Señor. Si los creyentes andan desnudos en su fe, no llevan puesta la armadura de Dios, y serán inútiles en el ministerio de Señor. Para ponernos la armadura que nos menciona Efesios 6:13-17, no puedes solo orar y pedírselo a Dios para poder recibirlo. Debes empezar hablándole al Señor, y luego tu entendimiento crecerá.

(2) El significado de la palabra perecerá;
Perecer, Hebreo; para. Significa; Retroceder (desviarse), desnudo.

Aquellos que no obtengan revelaciones del Señor se desviarán a una muerte espiritual.

Te deslizas directamente hacia el reino de la incredulidad y confusión. El lugar donde Satanás trabaja intensamente en ti y en los que te rodean como un ángel de luz y fingiendo ser Dios.

-Un creyente desnudo es una presa fácil para las conquistas de Satanás.

12. El final del camino es la muerte.

Muerte. ¿Recuerdas la pregunta 2?

13. No.

En caso que lo sean, deberías preguntarte a que dirección te diriges.

Atención;

No logramos entender todas las cosas escritas en la Biblia de una vez. Por lo tanto es de gran importancia que estén dispuestos en seguir al Señor y lo que él dice.

¿Ves la importancia de estar y no estar dispuesto en ser un hacedor de la palabra de Dios?

Tu respuesta;_____

14. No.

15. Si uno no nace de nuevo, no será salvo.

Notas;

La orden de andar

1. ¿Que nos sucederá después de haber recibido la salvación?

Escucha;
"Tengo una <u>deuda</u> con griegos y con extranjeros, con sabios y con insensatos". (Romanos 1:14)

Porque estoy en deuda;
El Cristiano se ha deshecho de su pecado culpable con el arrepentimiento y su fe en Cristo, pero justo en el momento que se deshace de él, entra en una nueva situación de deuda.
-Ahora la nueva deuda es la responsabilidad de traer el evangelio al mundo. (Marcos 16:15)

2. El Señor ha emitido un mandamiento de lo que debes hacer para él. Cuando leas esto, o lo rechazarás con tu malentendido del mandamiento, o te gusta vivir la vida del orgulloso amador de sí mismo.

Veamos si eres un creyente dispuesto y obediente o no;

A todos los creyentes

El Señor ha comisionado una orden de andar a todos los creyentes que nacen de Nuevo. Una orden de andar es una orden para moverlos a llevar a cabo una tarea.

La orden de andar no es complicada si estás dispuesto a obedecer al Señor, pero si no estás dispuesto, o tienes otro punto de vista con respecto al tema, será problemático.

Escucha lo que dice la Biblia;

Lo último que les dijo Jesús a sus discípulos fue la misión mandada en Marcos 16:15.

Y les dijo: "Vayan por todo el mundo y prediquen las buenas nuevas a toda la creación. El que crea y sea bautizado será salvo, mas el que no crea será condenado". (Marcos 16:15-16)

¿Acaso mandó Jesús a sus discípulos en salir al mundo y bautizar a las personas? No.
-Veamos con ojos de revelación lo que dice Jesús en esta escritura;

(1) No es a los no salvos a quien le habla Jesús; sino a sus discípulos.

(2) Y el les dijo a ellos; Vayan por todo el mundo y prediquen las buenas nuevas a toda la creación.

(3) Presta atención a lo que dice en el versículo 16; El que crea y sea bautizado será salvo, mas el que no crea será condenado.

¿El que crea?

¿Quién creerá y se bautizará? Es a los discípulos a quien le habla Jesús. Los discípulos deben **creer en la misión mandada** para salir al mundo y predicar el evangelio. Si creen en esto y hacen lo que su fe proclama, entonces serán bautizados.

Si no crees en la misión mandada, ¿cuál es el punto de bautizarse cuando el bautismo es la evidencia externa de tu fe? Si no crees en la misión mandada, eres un incrédulo. La palabra incrédulo no significa nada más que ser desobediente.

¿Qué es la fe?

La fe en el Nuevo Testamento es entendido como el **sí** del hombre para las palabras y revelaciones de Dios, y por lo tanto determinará la relación humana con Dios.
-La fe denota una devoción fidedigna a Dios, tal como é les revelado en Jesús Cristo.

(4) ¿Que sucede si los discípulos (tú) no quieren creer-obedecerlo que Jesús mandó en Marcos 16:15? La última parte del versículo 16 nos da la respuesta, más el que no crea (la misión mandada) será condenado.

"Teme a Dios y guarda sus mandamientos. Porque este es todo el [deber] del hombre". (Eclesiastés 12:13)

3. ¿Qué les dice el Señor a todos los creyentes en Marcos 16:15?

_____

---

4. ¿Cómo deben las personas llegar a la fe a través de tí? (Romanos 10:17)

---

5. El Evangelio proclamado es la cura de Dios para el pecado.

Romanos 10:17; De modo que la fe sigue al mensaje que se oye, y el mensaje que se oye llega por medio de la palabra acerca de Cristo.

La palabra de Cristo es la palabra revelada de Dios
La palabra revelada de Dios es la palabra que se vuelve viva y entendible. Cuando proclamas la palabra revelada, la gente podrá sentir como son tocados por la palabra. La gente sabrá aquí que deben tomar una decisión. La gente sabe en su espíritu, en su interior que esto es lo correcto, que esta es la verdad.

"Porque no me avergüenzo de las buenas noticias. En realidad, son el poder de Dios para salvar a todo el que tiene fe, primero al judío y también al griego". (Romanos 1:16)

¿Cómo te identificas con lo que está escrito en Romanos 1:16?

¿Te avergüenza la misión mandada de Cristo de predicarle el evangelio a los perdidos, según Marcos 16:15?

-¿Te avergüenzas de párate en frente de alguien quien va en camino al castigo eterno en el infierno, al predicarle el evangelio de Jesús Cristo a él?

Tu respuesta;_____

_____

_____

6. El escuchar es hacer.

Esto significa algo más que escuchar pasivamente a lo que alguien dice.

Cuando el Señor nos da un mandamiento, nuestro trabajo es hacerlo. El escuchar es hacer. Santiago 1:22.

-Si solo escuchas, estás atrapado en la trampa de la renuencia.

¿Cómo puedes hacer lo que escuchas?

Solo cuando te adaptas a lo que se dice, uno ha escuchado con el corazón, no solo con el oído.

Notas;

_____

_____

40

7. ¿Quién es su modelo a seguir para su ministerio? (Juan 13:15-17)

_____

8. ¿Hay alguna consecuencia de no involucrarse en la misión mandada? (Marcos 16:15)

_____

9. En Mateo 9:12, leemos la palabra maldad. ¿Quién continuará predicando el evangelio a las personas malvadas en este mundo?

_____

10. ¿Que necesita Cristo? (Lucas 10:2)

_____

_____

Notas;

_____

_____

_____

Respuestas a la Lección 4
La orden de andar

3. Vayan por todo el mundo y prediquen el evangelio a los perdidos.

4. La fe viene de la predicación; Debes predicarles el evangelio.

¿Cómo puede llegar la gente a creer cuando no les has predicado el evangelio?

7. Jesús Cristo.

8. Sí.

Referencia; Pregunta 2.4 en este capítulo.

9. Todos los que nacen de nuevo. (Marcos 16:15)

10. ¡Cristo necesita trabajadores, no simpatizantes!

Sea que creas que el Señor te ha dado una misión mandada como se describe en Marcos 16:15, o no.
-Si no lo crees, no es fe lo que tienes, sino incredulidad.

42

Notas;

Un creyente 'enfriado' está parado en una mina terrestre

¿Te has enfriado? O ¿arde tu fe en Jesús?

Tu respuesta;_____

Tu obediencia dará frutos de tus buenas obras. Pero si te enfrías, tu relación con Dios no será la que deberías tener. Y tampoco tendrás una relación con tu prójimo que se caracteriza por la obediencia a la misión mandada de Cristo.

Enfriarse significa;

Frío en el sentido espiritual. Éste es el hombre que, en su interior, no es tocado por la influencia del mundo que Dios y el espíritu. Enfriarse también refleja el que ha perdido su vida en Dios, y quiere caído el nivel del hombre del mundo y su forma de vida.

Tibio significa;

Tibio es el ser humano considerado a dedicar de todo corazón su con el espíritu, alma, y cuerpo a Dios. A diferencia del frío espiritual, el enfriamiento espiritual experimentó una vez el despertador y la avivadora influencia de la Palabra y el Espíritu de Dios.

Pero él no busca perfección, Filipenses 3:12, Por su curso moral, 2 Pedro 3:14, pero vive bajo una falsa satisfacción consigo mismo y su estado, Revelación 3:17, autoevaluándose con falsedad, engañándose a sí mismo y careciendo afición en la relación con Dios, Revelación 3:20.

El que se enfría no negará a Cristo, pero en su justicia propia, se aísla de la comunidad con Cristo. (Revelación 3:16)

1. Hay una pregunta del señor que debe ser contestado por todos los que se han enfriado. Esta pregunta no se hace en esta vida o en el camino hacia la vida celestial.

¿Cuál es su respuesta a la pregunta vital en Lucas 6:46?

_____

_____

_____

_____

2. ¿Qué pasará con un 'creyente' que se ha enfriado? (Revelación 3:16)

_____

_____

---

3. ¿Cómo se relaciona Santiago 4:17 con Marcos 16:15?

---

4. Escucha;

"Porque habrá un tiempo en que ellos no soportarán la enseñanza sana, sino que, siguiendo sus propios deseos, se rodearán de maestros que les regalen los oídos. Dejarán de escuchar la verdad y prestarán atención a cuentos falsos". (2 Timoteo 4:3-4)

Así es como se encuentra en la mayoría de las 'iglesias' hoy. Siempre entran y escuchan. Pero Jesús dijo; salgan al mundo entero y prediquen el evangelio.

5. ¿Te atreves a mirarte en el espejo? ¿Te atreves a mirar a Jesús a los ojos y decirle que eres fiel a la misión mandada? (2 Corintios 13:5)

---

6. Orgullo;

Resumamos en términos simples como es en verdad y cómo funciona el orgullo; Un sentimiento de profundo placer o satisfacción derivado de los logros propios.

Numerosos 'creyentes' que conocido en las calles en los últimos años. Lo extraño es que muchos de ellos creen que están justo donde deben estar con el señor. Pero cuando ediciones en sentido espiritual, no importa lo que sale de sus bocas.
Con la confianza más sustancial, no son susceptibles a revelaciones que vengan en forma de palabras o procesamiento profético para su guía. Ellos están justo donde deben estar y están felices con eso.
-Si intento darles algo, el ataque viene a través de expresiones como; No me digas lo contrario.

7. ¿Eres obediente al Señor?, o ¿te sientes a gusto con el mundo? (1 Juan 2:15)

_____

8. ¿Qué te dice Efesios 4:1 con respecto a la misión mandada?

_____

_____

9. ¿Que está escrito en Juan 14:21?

10. ¿Eres algunos de los que se refiere Jesús en Mateo 7:21?

Notas;

Respuestas a la Lección 5
Un creyente 'enfriado' está parado en una mina terrestre

1. ?

"Entonces, ¿por qué me llaman '¡Señor! ¡Señor!' pero no hacen las cosas que digo?" (Lucas 6:46)

La pregunta no es que tanto crees o amas al señor: sólo es un hecho de obediencia. Si todos los creyentes no hubieran recibido la misión mandada por el señor, no habría necesidad de usar palabras como; ¿por qué me llaman '¡Señor! ¡Señor!' pero no hacen las cosas que digo? (Mandamiento)

2. Será rechazado.

Se puede ubicar otra respuesta en el capítulo 4 pregunta 2.4 - ¿Estás en el equipo ganador o en el equipo que descansa?

"Todo árbol (eres tú) que no da frutos buenos (a otras personas) se corta y se echa al fuego". (Mateo 7:19)

Una persona que se ha enfriado no abrirá la puerta y permitirá entrar a su casa todas las cosas del Señor.
Hay una cosa que se debe mencionar del Señor, lo cual es;
Cuando le abres tu puerta a él, serás puesto a trabajar inmediatamente.

"Luego se puso a decirles a todos: "Si alguien quiere ser mi seguidor, que renuncie a sí mismo, que tome su madero de tormento día tras día y me siga constantemente". (Lucas 9:23)

-Este es tu trabajo diario como testigo de quien este rodean en tu camino.

3. "Por lo tanto, si alguien sabe hacer lo que es correcto pero no lo hace, ya está pecando." (Santiago 4:17)

Ahora sabes la verdad de Marcos 16:15. Ahora sabes las consecuencias.

5. ?

"Sigan examinándose para saber si están firmes en la fe. Sigan comprobando lo que ustedes mismos son. ¿O no se dan cuenta de que Jesús Cristo está en unión con ustedes? Claro, a menos que estén desaprobados". (2 Corintios 13:5)

Si tu respuesta es sí; Entonces continúa obedeciendo. Sólo puedes que ser siguiendo esta norma.

Si tu respuesta es no; Entonces debes preguntarte a qué dirección te diriges.

"Tú dices "soy rico, he conseguido riquezas y no necesito absolutamente nada", pero no te das cuenta de que eres desdichado, digno de lástima, pobre y ciego, y de que estás desnudo". (Revelación 3:17)

7. ?

El señorío no implica seguir a otros, o de sólo escuchar lo que dice la palabra de Dios, es el caminar personalmente con el Señor y se guiado por el Espíritu Santo. (Lo cual sólo le sucederá a aquellas personas que están dispuestas a ser hacedores de la palabra)

"No amen al mundo ni las cosas que hay en el mundo. Si alguien ama al mundo, el amor al Padre no está en él".
(1 Juan 2:15)

8. ?

"Así que yo, prisionero a causa del Señor, les suplico que se porten (en Marcos 16:15) de una manera digna de la llamada que recibieron". (Efesios 4:1)

9. "El que acepta mis mandamientos y los obedece es el que me ama. Y, al que me ama, mi Padre lo amará, y yo lo amaré y me mostraré abiertamente a él". (Juan 14:21)

10. "No todos los que me dicen 'Señor, Señor' entrarán en el Reino de los cielos. Solo entrarán los que hacen la voluntad de mi Padre que está en los cielos". (Mateo 7:21)

La voluntad del Señor es que nadie se ha castigado, pero que lleguen al conocimiento de la verdad y sean salvos. Ésa es la única razón por la que Dios el Padre envió a su Hijo primogénito a la tierra para ser crucificado en Calvario como el salvador del mundo.

Dios mismo dio su vida en calvario, encomendó el trabajo de predicar el evangelio de la salvación. Hoy en día los creyentes responden a esta gran palabra del señor mismo dándole la espalda a él y diciéndole, no, no he sido llamado para dar testimonio o predicar el evangelio a los perdidos.

Notas;

_____

_____

_____

_____

_____

_____

_____

_____

_____

La obediencia lleva a la santidad
Parte 1

Sin santificación, nadie verá al Señor

Es una palabra sobre verdad, muchos lo conocen, pero pocos piensan en el. La mayor parte del tiempo, cuando leemos este pasaje, lo repasamos sin importancia, como si nada ha pasado. Te unes a la santificación el día que eres salvo. Aun así, para continuar en el camino de la santificación, solo lo podrás lograr al obedecer la palabra escrita del Señor.

La santificación es formar parte de la mente de Cristo y de vivir de acuerdo con esta mente en la sucesión diaria a Cristo.

1. ¿Qué quiere Cristo en 1 Timoteo 2:4?

_____

_____

2. ¿Cómo actuarás en la pregunta 1? (Marcos 16:15)

_____

___

3. En el ministerio del santo, el hombre es santificado

(Marcos 16:15)

-Luego te caracterizas más y más del ser santo de Dios.

Los frutos de la santificación;

-Andar por la luz; Efesios 5:8.

-Benignidad, humildad, mansedumbre, sufrido, poder edificar a los demás, mentes misericordiosos; Colosenses 3:12-13.

4. ¿Qué significa Hebreos 12:14?

___

___

5. La operación de rescate más grande del universo

La Sangre Sin Pecado de Jesús Cristo - La Sangre enviado de Yahvé Dios en el cielo, a la tierra, y a Cristo.

-La victoria de Cristo marcha a Calvario, la victoria de la reconciliación sobre el pecado, una Victoria que se gano para ti y para mí.

El dio su vida - ¡Nadie podía tomarla!

Cuando Cristo entregó su espíritu, su sangre fue enviado de regreso al cielo, rociado sobre el asiento de misericordia, el cual es el trono de Yahvé Dios, y aprobado por el Señor como expiación por nuestros pecados.

Después de que la sangre fue aprobada, Cristo una vez más estuvo ante los discípulos. Esta vez les dijo; Miren, tóquenme. La sangre fue dejada en el lugar de reconciliación. (Asiento de misericordia)

Por lo tanto, la escritura dice; Él estuvo ahí presente en carne y hueso.

6. ¿Cuál es el camino a la santificación?, y ¿Por qué el Señor te manda a andar por el camino de la santidad? (Juan 14:12)

_____

_____

_____

7. ¿Qué es necesario para ganar personas para Cristo? (1 Pedro 2:12)

_____

_____

8. ¿Qué está escrito en Lucas 11:35?

_____

_____

9. ¿Qué es la carne?, y ¿qué sucede cuando cometemos actos carnales?

Los actos carnales son manifestaciones de los pensamientos de Satanás que vienen a nuestras mentes.

-Satanás envía pensamientos que aceptas con gusto al decir sí, gracias. El pecado nació en tu sí, lo cual da a luz a la muerte en tu acción.

El poder de la carne nos aleja de la santidad de Dios en nuestras vidas. Si no enfatizamos los frutos del Espíritu, nuestra carne será la fuerza que nos impulse diariamente.

10. ¿Cómo se manifiesta la santificación en nuestras vidas? ¿Qué es lo primero que hay que mirar sin funcionar en la distinción entre los espíritus?

_____

_____

Notas;

_____

_____

Respuestas a la Lección 6
La obediencia lleva a la santidad - Parte 1

1. Cristo quiere que todas las personas sean salvadas y que obtengan conocimiento de la verdad.

2. Vayan por todo el mundo y prediquen el evangelio.

4. Nada. Se refiere a todos los creyentes y a los incrédulos.

6. Juan 14:12 dice; "Muy verdaderamente les digo: El que ejerce fe en mí, ese también hará las obras que yo hago; y hará obras mayores que estas, porque yo estoy siguiendo mi camino al Padre".

El que ejerce fe en mí, ese también hará las obras que yo hago. Y ¿qué tipo de obras hizo Cristo? Siempre iba en su camino con el evangelio a los perdidos. (Mateo 9:35)
-Como Cristo, deberás hacer lo mismo. (Marcos 16:15)

Brillaremos para aquellos que viven en la oscuridad - Somos los representantes de Cristo para ellos. Es al Señor a quien ellos verán en nosotros.
-Si vives una vida en la carne, será la carne y la maldad lo que brillará. Entonces ya se habrá extinguido la luz dentro de ti.
Si tu luz se encuentra apagada, tampoco podrás ganarte a las personas para Cristo. Será un asunto carnal, y no una revelación

divina ni una demostración del Reino de Dios para los que no son creyentes.

7. La santidad es necesario para poder ganarse a las personas para Cristo.

La santificación verdadera se manifiesta a través de la obra con el prójimo.

8. Está alerta, por lo tanto. Tal vez la luz que hay en ti sea oscuridad.

Esto solo se puede hacer al mantenerte en el camino de la santificación de la obediencia.

10. Como Cristo - Siempre en camino a nuestro vecino. (Marcos 16:15)

Notas;

_____

_____

_____

_____

_____

La obediencia lleva a la santidad
Parte 2

1. ¿Qué tiene que ver la santificación con Mateo 22:39?

_____

_____

2. ¿Qué es lo que 2 Corintios 6:14 significa para ti?

_____

_____

_____

3. ¿Qué te dice la Biblia en 1 Pedro 1:15-16?

_____

60

_____

4. A que te llama Dios en;

(1) 1 Tesalonicenses 4:7_____

_____

_____

(2) Romanos 12:1_____

_____

_____

5. Deberás vivir en la santidad;

La siguiente escritura es un auto-examen con respecto a la santidad.

Hechos 26:18 - 1 Corintios 6:11 - 2 Pedro 3:11.

Notas;

_____

_____

_____

_____

_____

6. ¿Qué deberás presentarle a Dios? (Romanos 6:13, 19)

_____

_____

7. ¿Para qué se creó al creyente después de su nuevo nacimiento? (Efesios 4:24)

_____

_____

8. ¿Qué tipo de actitud tendrás hacia la Santificación? (Hebreos 12:14 - 2 Pedro 3:11)

_____

_____

9. ¿Qué será un siervo de Dios? (Titos 1:8)

_____

62

10. Mencione algunos motivos para Santificarse;

(1) Juan 15:8_____

_____

(2) Romanos 12:1-2_____

_____

(3) 2 Pedro 3:11_____

_____

(4) 1 Tesalonicenses 5:23_____

_____

11. ¿Qué dice el Señor sobre la Santificación en 1 Corintios 6:9-11?

_____

_____

12. ¿En qué consiste la Santificación?
(1 Tesalonicenses 5:22)

_____

13. ¿Por qué es necesario la Santificación para nuestra propia vida Cristiana? (Mateo 6:24 - Romanos 6:16. 3)

14. En Marcos 16:15, vemos el mandamiento del Señor para todos los creyentes. ¿Por qué es la Santificación tan importante en este contexto? (1 Pedro 2:12)

15. Si el señor dice que no habrá oraciones-respuestas sin Santificación y que nadie puede heredar el reino de Dios sin ella, ¿cómo podríamos entrar en la santificación a leer Romanos 6:19 cuando la santificación proviene únicamente de la obediencia?

Entonces viene una pregunta que debes contestarle ante el Señor; Si no quieres salir al mundo con su evangelio, y vemos que la obediencia requiera Santificación, pero no quieres salir, ¿cómo esperas entrar al reino de Dios?

Tu respuesta;_____

_____

_____

_____

16. El fruto de la santidad; Andar por la luz (Efesios 5:8)

-Benignidad, humildad, mansedumbre, sufrido, poder edificar a los demás, mentes misericordiosos. (Colosenses 3:12)

17. No el visible, pero el invisible

"Mientras mantenemos la vista fija en las cosas que no se ven, y no en las cosas que se ven. Porque las cosas que se ven son temporales, pero las que no se ven son eternas". (2 Corintios 4:18)

Notas;

_____

_____

_____

_____

_____

_____

Respuestas a la Lección 7
La obediencia lleva a la santidad - Parte 2

1. Amar a tu prójimo ayuda a esto; La santificación verdadera se manifiesta con las obras hacia tu prójimo.

La santidad que se revela en la persona y la vida de Jesús aparece en la figura del servidor. Toda la vida de Jesús está en el ministerio al prójimo. Siempre iba en camino a sus queridos vecinos.

En la luz de la vida de Jesús, vemos que la gran palabra de la santificación es al darle ministerio a su vecino.
(Mateo 20:26-27)
-Busca Juan 13:2-17 para más información.

-Si no tienes idea de quién es tu vecino, incluye a todas las personas que te rodean en cualquier momento.

"Eso fue lo que hizo el Hijo del Hombre. Él no vino para que le sirvieran, sino para servir a los demás y para dar su vida como rescate a cambio de muchas personas". (Mateo 20:28)

2. No se unan en yugo desigual con los **incrédulos**. Porque ¿Qué amistad es justa con la anarquía? Y ¿Qué congregación tiene luz con oscuridad?

¿Cómo podría alguien que vive en la luz tener algo en común con alguien que se ha apartado de la luz?

-Dejemos que la escritura lo interprete;

(1)
Incrédulos; Griego; Apistos; Alguien que no cree. Infiel.

Infiel es un término despectivo usado para alguien q no cree en los principios centrales de la religión de uno.

-Los incrédulos En este contexto significa simplemente; Desobediencia a Dios.

Los 'Creyentes' usan incredulidad para justificarse a sí mismos ante Dios y ante ti a través de las escrituras.

(2) **Luz y oscuridad**
Cuando eres un cristiano obediente, vives en la luz.
Cuando eres un cristiano desobediente, no vives en la luz.

¿Qué clase de comunión puede ser el que crea en la palabra escrita de Dios, y el que no crea, por ejemplo, Marcos 16:15?
-¡Ninguna!

Si quieres averiguar si un cliente es desobediente, no lo lograrás con largas interrogaciones.
-Aquí se debe distinguir espiritualmente, no hay otra manera.

Tarea;

Lea Efesios 4:17-32. La palabra **mente** en el versículo 23 significa; pensamiento-sentimiento-disposición-**entendimiento**.

3. "Más bien, al igual que el Santo que los llamó, sean santos en toda su conducta, porque está escrito: "Tienen que ser santos porque yo soy santo". (1 Pedro 1:15-16)

4.

(1) "Porque Dios no nos llamó para ser impuros, sino para ser santos". (1 Tesalonicenses 4:7)

(2)

"Por lo tanto, hermanos, les suplico por la compasión de Dios que ofrezcan sus cuerpos como un sacrificio vivo, santo y que agrade a Dios; así darán un servicio sagrado con su capacidad de razonar". (Romanos 12:1)

6. Ofrezcan su cuerpo a Dios como herramienta. (Romanos 6:13. 19)

7. Los creyentes van tras el nuevo nacimiento creado para santificación.

8. Deben ir tras la santificación.

9. Santo.

10.

(1) La gloria de Dios.

(2) La misericordia de Dios.

(3) Lo perdido que está este mundo.

(4) El día de Jesús Cristo.

11. Nadie podrá heredar el reino de Dios sin santificación.

12. Alejándose de toda maldad - 1 Tesalonicenses 5:22.

La primera palabra en este pasaje es la palabra abstenerse. Abstenerse significa irse de hacer o disfrutar de algo.
-¿Disfrutar de algo? De repente eres tú quien está en el centro, y no Satanás. Es de tus actividades carnales de las cuales debes estar dispuesto a dejar cada día.

La siguiente palabra que veremos en 1 Tesalonicenses 5:22 es maldad.
Maldad también significa el diablo. Si vas a mantenerte alejado de todas las trampas malvadas de Satanás, debes practicar el discernimiento a lo largo del día.
Sin la obediencia a la palabra escrita de Dios, será imposible entrar a un entendimiento completo de cómo Satanás engaña.

13. No podemos amar a Dios y amar al mundo al mismo tiempo.

14. Para que ganemos personas para Dios.

La obediencia trae Revelaciones y las Oraciones traen respuestas

1. Mantenerse en Jesús Cristo.

Escucha;
"Él corta todas las ramas en mí que no dan fruto, y todas las que dan fruto las limpia para que den más". (Juan 15:2)

El mismo versículo del King James version;
"Todo sarmiento en mi que no lleva fruto, el lo quitará, y todo el que lleva fruto, el lo **purgará**, para que lleve más fruto".

Leemos la palabra **purgará**. Significa; Remover cosas impuras.

Si eres obediente a la palabra y los mandamientos de Dios, serás ayudado-enseñado-entrenado-guiado por el Señor para continuar con tu crecimiento. Esto es para ti de forma individual, no a través de una 'iglesia'.
-Más información en Juan 14:26.

2. La obediencia al Señor es la única forma de andar.

"**Manténganse** en unión conmigo y yo me mantendré en unión con ustedes. Igual que la rama no puede dar fruto por sí sola, sino que tiene que seguir unida a la vid, ustedes tampoco pueden dar fruto si no se mantienen en unión conmigo".
(Juan 15:4 - King James Version)

La palabra manténganse significa; Aceptar o actuar de acuerdo a una regla - decisión. **Mantenerse firme.**
-Aquí vemos como el Señor quiere entrenarte personalmente para que te puedas levantar. Si aprendes en una 'congregación', nunca podrás mantenerte firme.

Definición de mantenerse;

(1) **El soportar con paciencia**
-Si, Señor. Empezaré obedeciendo Marcos 16:15 llegando a los perdidos, y sé que después las señales y maravillas seguirán, porque has dicho que estás conmigo, y también me dijiste que nunca me dejarías ni me abandonarías.

(2) **El aceptar sin objeción**
-Sí, Señor, me mantendré (aceptaré) tu misión mandada en Marcos 16:15.

Sinónimos a mantenerse; Obedecer, seguir, el aceptar.

Aceptar;

Cuando aceptas la palabra de Dios, estás en una posición de creerlo. Esto no implica el tratar de entenderlo por adelantado.

(3) **Obedecer;**

Si dices que Jesús es tu Señor, pero no lo obedeces, él no es tu Señor. (La palabra Señor significa; Él que decide)
-Si é les tu Señor, no tendrás ningún problema en seguirlo.

(4) **Seguir;**

El seguir; Es hacer lo mismo que Cristo hizo con sus ovejas perdidas y obedecer lo que dice a través de su palabra.

3. ¿Por qué vino Jesús a la tierra? (Lucas 19:10)

_____

_____

4. ¿Cómo podrá la gente saber la verdad sobre el evangelio?

_____

_____

_____

_____

5. ¿Has aceptado que Jesús te ha dado una misión mandada? (Marcos 16:15)

Tu respuesta;_____

_____

_____

6. ¿Actúas bajo la palabra de Dios de acuerdo a Marcos 16:15?

Tu respuesta;_____

_____

7. Dios no escuchará las oraciones de aquellos que;

(1) Desprecian el llamado de Dios

Los estuve llamando, pero siempre me rechazaron; les tendí la mano, pero ninguno me prestó atención; vez tras vez pasaron por alto mis consejos y rechazaron mi corrección. Por eso yo también me reiré cuando los golpee la desgracia; me burlaré cuando venga lo que los llena de terror, cuando eso que los llena de terror venga como una tormenta y su desgracia llegue como una tempestad de viento, cuando la angustia y los problemas les caigan encima. "En ese tiempo, ellos me llamarán una y otra vez, pero yo no responderé; me buscarán desesperadamente, pero no me encontrarán". (Proverbios 1:24-28)

(2) **Dudan**

"Si alguien no se mantiene en unión conmigo, es desechado como una rama y se seca. Esas ramas se recogen, se echan al fuego y se queman". (Santiago 1:6)

(3) **Es farisaico**

"El fariseo se levantó y se puso a orar en su interior. Decía: 'Oh, Dios, te doy las gracias porque no soy como todos los demás: extorsionadores, injustos, adúlteros..., ni tampoco soy como este cobrador de impuestos". (Lucas 18:11)

"¡Ay de ustedes, escribas y fariseos, hipócritas! Porque ustedes se devoran las casas de las viudas, y como pretexto hacen largas oraciones; por esto su condena será mayor". (Mateo 23:14)

8. Si se mantienen en unión conmigo y mis palabras permanecen en ustedes, pidan lo que quieran y se les hará realidad. (Juan 15:7)

¿Mis palabras permanecen en ti? La obediencia a los mandamientos del Señor es el único camino.

Si no eres un creyente obediente

"Si alguien no se mantiene en unión conmigo, es desechado como una rama y se seca. Esas ramas se recogen, se echan al fuego y se queman". (Juan 15:6)

Cualquiera que quebrante la comunidad con Cristo resulta ser inútil, y ya se ha destruido a sí mismo. Aquí está dirigido al juicio final, pero es tan seguro que es como si ya hubiera sucedido.

-El Cristiano que no permanece con Cristo sufrirá el mismo destino que la rama quemada.

"Sabemos que Dios no escucha a pecadores, pero al que teme a Dios y **hace su voluntad**, a ese sí lo escucha". (Juan 9:31)

9. ¿Puede alguien indeciso esperar en recibir algo del Señor? (Santiago 1:5-8)

_____

10. ¿Qué dice el libro de Santiago sobre ser un hacedor de la palabra?

(1) Santiago 1:4_____

_____

(2) Santiago 1:22_____

_____

(3) Santiago 2:14_____

_____

(4) Santiago 2:15_____

_____

(5) Santiago 3:13_____

_____

11. Como un creyente renacido, recibimos todas las cosas del Señor con un corazón abierto y dispuesto. ¿Sucede lo mismo en tu vida? (Filipenses 2:14)

_____

_____

12. ¿Qué significa Santiago 4:7?

_____

_____

13. ¿Que se necesita para recibir respuesta de las oraciones? (1 Timoteo 2:8)

_____

_____

_____

14. En caso que...

Leamos Mateo 7:13.
"Entren por la puerta **angosta**. Porque ancha es la puerta y espacioso es el camino que lleva a la destrucción, y son muchos los que entran por esa puerta".

Para travesar la puerta angosta, uno debe deshacerse de muchas cosas. (Las acciones carnales)
Todo lo que tenga que ver con la codicia, un espíritu implacable, egoísta, y farisaísmo, debe ser desechado.
-Tienes que abnegarte.

Ejemplo;
Si no crees en la misión mandada por el Señor, no te has inclinado hacia la puerta angosta ni has comenzado a caminar por el camino angosto. En lugar de eso has entrado por la puerta angosta que lleva a un amplio camino de compromiso y desobediencia.

Lamentablemente, el versículo 14 nos muestra que no hay muchos creyentes que se humillan y obedecen al Señor.

¿Lo recuerdas?
Aquellos que no dan frutos, al igual que la rama del árbol. Serán cortados y tirados al fuego.
Seguir al Señor como él lo pide no es nada difícil. La humildad al Salvador es la clave para entrar a su Señoría.
-El orgullo trae falta de voluntad. La falta de voluntad nunca trae nada más que la satisfacción carnal.

Notas;

Respuestas a la Lección 8
La obediencia trae Revelaciones y las Oraciones traen respuestas

3. "Porque el Hijo del Hombre vino a buscar y a salvar lo que estaba perdido". (Lucas 19:10)

4. Ellos serán predicados por todos aquellos que creen.

En tu vida diaria, deberás ser un testigo para Cristo y para aquellos que vivan en oscuridad.

9. No.

Indeciso; vacilar: vacilar en mente, voluntad o sentimiento: vacilar en la elección de opiniones o cursos.

10.
(1) La paciencia debe llevar a la acción.

(2) Escuchar la palabra deber llevar a la acción.

Hay una declaración alarmante al final de este versículo; "Sin embargo, pongan en práctica la palabra y no se limiten a oírla, engañándose a sí mismos con razonamientos falsos". (Santiago 1:22)

Engañándose a sí mismo; Malentender.
Definición de malentender; El entender erróneamente. (lo que dice la palabra de Dios)

Innumerables 'creyentes' que he conocido rechazan la misión mandada en Marcos 16:15, y sin embargo exclamando 'vemos'. Entonces no existe duda si ellos viven o no en la verdad. Son engañados. (Hebreos 13:9)
-Lamentablemente, muchos pertenece a una iglesia.
(¿Recuerdan la pregunta 2? Manténganse firmes)

(3) La fe debe conducir a la obra.

(4) La compasión debe conducir a la obra.

(5) La sabiduría debe dares a conocer mediante la acción.

11. ?

Leamos Filipenses 2:14.
"Sigan haciendo todas las cosas sin murmurar ni discutir".

Leemos la palabra discutir; Griego: dialogismos. Significa; Debatir-disputa-dudoso.

Leamos Lucas 9:46 del King James version;
"Entonces surgió una discusión entre ellos sobre quién era el mayor".
En este versículo, vemos que ese razonamiento surgió entre ellos. El razonamiento es dialogismos del Griego.

-Veamos qué es eso.

Primero, leemos en la última parte de 2 Corintios 10:5; "Estamos haciendo prisionero todo pensamiento para que sea obediente al Cristo".
-Así es como debemos lidiar con cada pensamiento que se nos atraviese a lo largo del día. Y esto solo se puede lograr con discernimiento espiritual.

Ok, de regreso con Lucas 9:46.
Cuando viene un pensamiento, debemos aprisionarlo. (No entretenerlo)
Pero los discípulos en este pasaje no hicieron eso. Ellos creían (estaban de acuerdo) en el pensamiento (razonamiento), y este pensamiento de dialogismos viene acompañado con un demonio de confusión.
-Y luego la discusión, debate, disputa y el malentendido de la palabra de Dios está a la mano.

Ahora ya sabes por qué Filipenses 2:14 lo deja muy claro cuando se refiere a nuestra actitud / disposición hacia la palabra de Dios.

12. Santiago 4:7 - Sométete. Significa: estar bajo obediencia - obedecer. (Dios)

13. La santidad es necesario para obtener respuestas de tus oraciones.

Ciego por elección propia

La tierra entera tiene su juicio nublado, inclinándose a los deportes, diversiones, beber, y festivales.

Este fue el caso antes de la caída de Roma, Nínive, Tiro, Sodoma, Jerusalén, y Babilonia. Todos bailaban y bebían hasta sus últimas horas de juicio.

- Todos son engañados por una sensación de seguridad.

Lo mismo sucede en las congregaciones. Bailan para cantar sus alabanzas para terminar con un poderoso amén. Al salir por sus puertas, Satanás trabaja pero fervorosamente y con gran éxito en engañar a las personas a caer por el camino que lleva a la condenación eterna. No les podría importar menos.

-Su sentido de la seguridad también los engaña.

La suprema demanda de aceptación del pecado

¿Juicio? ¡¿Que importa?! Deberíamos todos de una vez, ellos, mientras que ellos bailan por el camino Que los intoxica del pecado.

Muchas naciones prósperas e indiferentes se divierten en su camino hacia el fin.

El texto sobre la tumba que pondrá para esta sociedad es la misma que él puso a la sociedad de Noé; "**Y no hicieron caso hasta que vino el Diluvio y los barrió a todos…**" (Mateo 24:39)

Los 'Creyentes' se sientan en sus lugares permanentes un Domingo tras otro
-Después de tres o cuatro canciones de alabanza, emerge un pastor, que no está interesado en lo absoluto en las ovejas perdidas del señor fuera de 'su' iglesia.
-La gran mayoría de ellos tienen el mismo tipo de 'sensación de seguridad' como los que no están salvos, a pesar de que ellos no celebran el mismo tipo de festividades como los demás, ellos dicen; Lo que yo hago es bueno y es suficiente - ¡No me digas lo contrario!

Un creyente que no busque a los que andan por el camino de la perdición con el evangelio salvador del Señor también está perdido.

Malos frutos
Las escrituras no se deben tomar por sentado. Te costará obtener un entendimiento de ellas. Si la falta de voluntad está invadiendo tu vida, aquí se puede ver que simplemente los frutos de la carne están infiltrándose en tu vida.

El señor dice Efesios 5:17; Por esta razón, dejen de ser insensatos y comprendan cuál es la voluntad de Jehová.

La palabra **insensato** significa; Estúpido - ignorante - tonto - incrédulo - inexperta - **Egoísta**.

Millones de 'creyentes' de este planeta son ignorantes a la predicación del Evangelio de Jesús Cristo a los perdidos.

1. ¿Qué es el pecado? (1 Juan 3:4)

_____

_____

El dominio de los pecados aplica a todo
Nuestro pecado y nuestra naturaleza pecaminosa, el cual se remonta hasta el pecado original, cuando el pecado entró al mundo. Por el pecado de Adán, todos los hombres están bajo el juicio de Dios; se muestra con la muerte, el cual es el castigo del pecado que nos ha penetrados. (Romanos 5:12)
Aunque no sólo la culpa del pecado entro a la humanidad, sino también la naturaleza del pecado. Tal como todas las personas son pecadores, también todos los hombres se encuentran manchados por el pecado. El pecado ha invadido la naturaleza humana para que se vuelva pecaminosa y corrupta.
(Romanos 8:5, Romanos 8:3, Romanos 7:23)

La carne no es obediente a la ley del señor, y lo puede ser, porque el deseo de la carne es enemistad con Dios.
(Romanos 8:7)
El pecado es, en su propia esencia, odio a Dios, y esta animosidad de Dios es la fuente de donde fluyen las malas acciones.

El pecado es casi un ser personificado, que ha morado en el centro de la personalidad, y que causa al hombre a ser malvado, aunque según su hombre interior, le dice sí a la ley de Dios. (Romanos 7:17)

Pero lo que es imposible para el hombre y su poder (Romanos 7:18), e imposible para la ley, lo hizo posible Dios al enviar a su Hijo. (Romanos 8:3)

2. Incredulidad.

¿Qué es la incredulidad?
Incredulidad es el opuesto de la fe, una actitud negativa del hombre hacia Dios. Es el rechazo a la de que sostiene la conexión entre Dios y este mundo.
Por lo tanto, es la desobediencia a Dios, no estar dispuesto, y estar opuesto a él.

(1) Aquellos que no creen en Dios. Aquellos que rechazan al Señor; Incrédulo.

(2) Aquellos que afirman creer, aquellos que dicen que Jesús es su Señor pero que no están dispuestos en hacer lo que él dice, también un incrédulo.

Escucha;
"No se pongan bajo un yugo desigual con los no creyentes. Porque ¿qué relación tienen la justicia y la maldad? ¿O qué tienen en común la luz y la oscuridad?" (2 Corintios 6:14)

Incrédulos; Griego; Apistos; Uno que no cree. Infiel.

¿Recuerdas lo que significa infiel?

Infiel es un término despectivo que se usa para cuando alguien no cree en los principios centrales de la fe de uno.

-En este contexto los incrédulos significan simplemente; Desobediencia a Dios.

3. Ejemplos de incrédulos;

(1) Lucas 12:43-46

"¡Feliz ese esclavo si su amo, cuando venga, lo encuentra haciendo eso! Les digo la verdad: lo pondrá a cargo de todos sus bienes. Pero, si ese esclavo alguna vez llega a decir en su corazón 'Mi amo tarda en venir' y se pone a golpear a los sirvientes y a las sirvientas, y a comer, beber y emborracharse, el amo de ese esclavo vendrá un día en que él no lo espera y a una hora que él no sabe, y le dará el peor de los castigos y lo pondrá con los **infieles**".

(2) 1 Corintios 6:6

"En cambio, un hermano lleva a otro hermano ante el tribunal, ¡ante no creyentes!"

(3) 2 Corintios 4:4

"Para los no creyentes, a quienes el dios de este sistema les ha cegado la mente, a fin de que no brille sobre ellos la luz de las gloriosas buenas noticias acerca del Cristo, que es la imagen de Dios".

4. Los que no tienen fe;

(1) **Tito 1:15**

"Todas las cosas son puras para los puros. Pero para los contaminados que no tienen fe no hay nada puro, porque tienen contaminada tanto la mente como la conciencia".

(2) **Revelación 21:8**

Pero a los cobardes, a **los que no tienen fe**, a los que son sucios y repugnantes, a los asesinos, a los que son sexualmente inmorales, a los que practican el espiritismo, a los idólatras y a todos los mentirosos les espera el lago que arde con fuego y azufre, que representa la muerte segunda".

5. Sin fe;

(1) 1 Timoteo 5:8 KJV

"Porque, si alguien no mantiene a los suyos, y en especial a los miembros de su casa, ha rechazado la fe y es peor que una persona **sin fe**".

(2) **2 Corintios 6:15**

"Además, ¿qué armonía hay entre Cristo y Belial? ¿O qué tienen en común un creyente y un **no creyente?**"

Dos que afirman creer se juntan. Uno de ellos vive una vida de obediencia a Marcos 16:15, y los demás no creen que Marcos 16:15 sea su llamado. ¿Puede existir armonía entre ellos o no?

_____

_____

6. Hasta ahora, en este libro, has escuchado muchas cosas sobre el Señor. ¿Qué significa Hebreos 3:7-9?

_____

_____

7. ¿Qué hace el endurecimiento de tu corazón a tu comprensión divina? (Efesios 4:18)

_____

_____

_____

8. Los profetas les hablaron, pero ellos no entendieron (no escuchaban), ¿Por qué? (Zacarías 7:12)

_____

_____

9. ¿Qué le sucederá al incrédulo en Hebreos 3:12-16?

_____

_____

10. ¿Qué nos dice Hebreos 4:5-7 sobre el resultado de la desobediencia?

_____

_____

11. ¿Este eres tú? (Salmos 17:10)

"Están encerrados en su propia prosperidad y han cerrado sus corazones a la piedad; con sus bocas, hacen afirmaciones exorbitantes y hablan con orgullo y arrogancia".
(Salmos 17:10 - AMPC)

Tu respuesta;_____

_____

_____

_____

Respuestas a la Lección 9
Ciego por elección propia

1. El pecado es una ofensa.

Leamos 1 Juan 3:4; "Todo el que practica el pecado está violando la ley; el pecado es la violación de la ley".

El pecado es una ofensa; Es una desobediencia a la voluntad Dios y faltas a su ley. Pero el pecado también es no creer (desobediente): violación a su persona y una burla a su persona.
Es un elemento de egoísmo en cada pecado, pero lo que está dirigido contra Dios es un aspecto más importante del pecado que el que se glorifica a sí mismo. El pecado no es menos bondadoso ni la falta de bondad. El pecado es algo activo, malvado y destructivo.

La palabra Hebrea más fuerte para el pecado es; Pesha. Pesha significa volverse contra Dios en abierta rebelión.

El pecado no solo es una desobediencia desafiante a la ley, pero incredulidad y rechazo al evangelio.
(Juan 16:9 - Romanos 10:16)

Notas;

_____

_____

5.

(2). No, no puede ni debe haber nada entre los dos.

El que o cree en la gran comisión en Marcos 16:15 vive en la oscuridad.
El obediente vive en la luz. (2 Corintios 6:14)

6. Si escuchas su voz hoy, no endurezcas tu corazón.

7. Debido a la ignorancia al Señor y su palabra, su comprensión se oscurece.

8. Volvieron su corazón duro como un pedernal para que así no pudiera.

¿Puedes ver lo que sucederá si endureces tu corazón contra el mandamiento de Dios?

Tu respuesta;_____

_____

_____

_____

_____

9. Un corazón <u>desobediente</u> te aleja del Dios vivo.

"<u>Tengan cuidado, hermanos</u>, **no sea que alguno de ustedes desarrolle un corazón malo y sin fe por alejarse del Dios vivo.** Más bien, sigan animándose unos a otros cada día, mientras dure ese día llamado "hoy", para que el poder engañoso del pecado no endurezca a ninguno de ustedes. Porque en realidad llegamos a ser participantes del Cristo solo si nos aferramos hasta el fin a la confianza que teníamos al principio. Es como se dice: "Si hoy ustedes escuchan su voz, no se vuelvan tercos como lo hicieron cuando provocaron amarga ira". (Hebreos 3:12-16)

10. No entrarán en el descanso del Señor.

Notas;

_____

_____

_____

_____

_____

_____

Expone a Satanás u Obedécele

1. Pensamientos

La palabra 'Pensamiento' en las Escrituras a menudo relaciona estrechamente con el corazón como una expresión de lo más interno del hombre, de toda su personalidad.

Una de las consecuencias del pecado fue que los del corazón del hombre estaban inclinados solo hacia el mal. (Génesis 6:5)

La Guerra espiritual

Por qué un cristiano se encuentra bajo una batalla entre la carne y el espíritu, (Romanos 8:12), él necesita armas espirituales para rechazar pensamientos impuros y capturar cada pensamiento bajo la obediencia a Cristo.

"Porque, aunque vivimos como humanos, **no guerreamos** como lo hacen los humanos. Porque las armas de nuestra guerra no son humanas, sino que Dios las hace poderosas para derrumbar cosas fuertemente atrincheradas. Y es que estamos derrumbando razonamientos y toda barrera que se alza contra el conocimiento de Dios. **Estamos haciendo prisionero todo pensamiento para que sea obediente al Cristo**".
(2 Corintios 10:3-5)

En esta escritura, leemos la palabra **guerrear**. Lo primero en lo que debes pensar es que; No solo dice que estás en una guerra. Dice que no guerreamos de acuerdo a la carne. Aquí vemos que no es cuestión de si estamos atravesando un momento turbulento o no: te enseña que estás en una guerra constante. Y si no sabes cómo pelear esta guerra, es porque la carne está controlando tu vida.

Por lo tanto no queda otra opción que usar tu libre albedrío y ser decidido para entrar a la arena y pelear contra Satanás con revelaciones de la palabra escrita de Dios.

Necesitas discernimiento en cada segundo de tu vida.
No sólo debemos discernir las palabras que nos dicen otras personas, pero debemos discernir todo espíritu que nos hable, que nos enseña cosas, que nos dice que hacer a lo largo del día en todo aspecto.

2. ¿Por qué debemos discernir en todo aspecto?
(1 Pedro 5:8)

_____

_____

_____

_____

_____

3. ¿Qué sucederá si no estás bajo discernimiento spiritual? (Romanos 12:2)

_____

_____

_____

_____

4. ¿Que hizo Jesús con los discípulos en Marcos 16:14?

_____

_____

_____

5. ¿Eres un discípulo? (Juan 10:27)

Tu respuesta;_____

6. ¿Qué te dice Dios el Padre (Yahvéh) que debes hacer con respecto a su hijo Jesús? (Mateo 17:5)

_____

_____

7. ¿En qué te convierte el conocer los mandamientos de Dios, pero no quieres obedecerlos? (1 Juan 2:4-5)

_____

_____

8. Jesús te pregunta esto; ¿Se encuentra abierta tu puerta para dejarme ser tu Señor al 100% en tu vida? (Revelación 3:17)

Tu respuesta;_____

_____

_____

_____

Notas;

_____

_____

_____

_____

Respuestas a la Lección 10
Expone a Satanás u obedécele

2. Por qué Satanás camina como un león urgente, buscando a quién devorar. (1 Pedro 5:8)

3. Respuesta; Vivirás en total decepción.

"Y dejen de amoldarse a este sistema; más bien, transfórmense renovando su mente, para que **comprueben** (disciernen) por ustedes mismos cuál es la buena, agradable y perfecta voluntad de Dios". (Romanos 12:2)

4. Los reprendió por su incredulidad y dureza de corazón.

Aquí vemos que si no crees en la misión mandada en Marcos 16:15, estás endureciendo tu corazón.

6. Escúchalo - Haz lo que él dice.

7. Si sabes la verdad pero no lo pones en práctica, te haces un mentiroso.

Notas;

_____

_____

¿Buscas al Señor?

1. Hay una declaración alarmante en Mateo 7:22, donde Jesús le habla a aquellos que no tenían una relación estrecha con él.

¿Qué dice el versículo 22-23?

_____

_____

_____

2. ¿Cómo empiezas a buscar al Señor? (1 Pedro 2:2)

_____

_____

Notas:

_____

_____

3. El Oro y la mina

La fe y acción de un buscador de oro lo mueve a salir a buscar su metal precioso.

(1) ¿Que necesitamos para poder cavar oro?

Necesitamos sacar el tiempo, planificar a donde vamos, y conseguir el equipo indicado. Cuando se haya hecho esto, nos determinamos a ir al área donde se ejecutará nuestro plan.

(2) ¿En qué debemos actuar Marcos 16:15?

Cree en la misión mandada. Entonces tendrás que actuar en lo que crees. Cuando actuamos como el buscador de oro, aprendemos a diario como extraer el oro escondido en la tierra.

Cuando caminas en la fe, cuando te determinas en tus acciones en la palabra de Dios, aprenderás a como buscar a los perdidos. Un paso a la vez en la fe te trae sabiduría y entendimiento para que se lo des a los que no están salvos.

4. Sigue pidiendo, buscando, tocando, nunca te rindas.

¿Puedes mencionar seis cosas en Mateo 7:7-8, que se refieran al hacedor de la palabra, y no al oidor no dispuesto?
(Santiago 1:22)

(1)_____(2)_____(3)_____

(4)_____

(5)_____

(6)_____

5. ¿Qué dice 2 Corintios 11:4 sobre tu fe?

_____

_____

6. Ejercicio - cerrarle la puerta a los sentidos - descansar la carne.

En Mateo 6:6, vemos como buscar al Señor en silencio. Con los sonidos, gustos, aromas, al escuchar, emociones, y principal-mente, sabiendo como capturar la mente de Satanás.
-Si no practicamos esto en nuestra vida diaria, no creceremos no creceremos en la espiritualidad que esta escritura nos muestra.

"En cambio tú, cuando vayas a orar, entra en tu cuarto y, des-pués de cerrar la puerta, órale a tu Padre, que está en lo secreto. Y entonces tu Padre, que mira en secreto, te lo pagará".
(Mateo 6:6)

Ciérrale tu puerta al mundo. Usa tus ojos espirituales para buscar al Señor en el mundo del Espíritu Santo.

Respuestas a la Lección 11
¿Buscas al Señor?

1. Nunca los conocí.

"Ese día, muchos me dirán: 'Señor, Señor, ¿acaso no profeti-zamos en tu nombre y en tu nombre expulsamos demonios y en tu nombre hicimos muchos milagros?' Pero entonces les diré: '**¡Yo a ustedes nunca los conocí! ¡Aléjense de mí**, ustedes que violan la ley!" (Mateo 7:22-23)

Estas personas con las que habla Jesús, son personas que han estado ministrando. Han curado y entregado en el nombre del Señor.
-Y aún así, Jesús los rechaza.

El que no busque a Dios como debería, no podía discernir en sentido espiritual como debería.
-El discernimiento espiritual es la antorcha de la vida de un Cris-tiano en un mundo donde todo se encuentra bajo el poder de la maldad.

Si no buscas a Dios, deberías, tampoco podrás tener ninguna relación con él. Sólo a través de la obediencia a Cristo es que podremos obtener un entendimiento de las realidades espiri-tuales.

2. Busquen la leche no adulterada de la palabra de Dios.

"Como recién nacidos, desarrollen un fuerte deseo por la (1) leche no adulterada de la palabra, (2) para que de este modo crezcan". (1 Pedro 2:2)

(1) Debemos buscar al Señor a través de su palabra el mismo día que nacemos de nuevo.

(2) Al final del versículo, puedes ver que buscar al Señor a través de su palabra es la forma correcta para crecer en él.

Cuando buscas al Señor con todo el corazón, empezarás a acercarte más y más a él. Su personalidad y carácter es el mayor logro podemos obtener en nuestras vidas.

4.

"Sigan **pidiendo** y se les dará, sigan **buscando** y encontrarán, sigan **tocando** a la puerta y se les abrirá. Porque todo el que **pide** recibe, y todo el que **busca** encuentra, y a todo el que **toca** a la puerta se le abrirá". (Mateo 7:7-8)

Los verbos 'Pide', 'Busca' y 'Toca' expresan en su forma gramática algo persistente. Debemos continuar, seguiremos pidiendo, buscando, y tocando.

(1) Sigan pidiendo y se les dará.

¿Qué es lo que le estás pidiendo a Dios?

_____

_____

_____

_____

La mayoría de los creyentes piden, Pero para su estilo de vida egoísta. Muy pocos piden revelaciones con respecto a la voluntad de Dios.

(2) Sigan buscando y encontrarán.

El buscar es el esfuerzo consciente de atravesar los medios naturales hasta Dios mismo - continuamente poner nuestra mente hacia Dios en todas nuestras experiencias, para dirigir nuestras mentes y nuestros corazones hacia él a través de los medios de su revelación.

(3) Sigan tocando a la puerta y se les abrirá.

El tocar es una actitud de nunca rendirse. (Perseverancia)
Es la puerta del Señor al que tocamos, y es su presencia y revelaciones (secretos del cielo) lo que importa.

La obediencia es la clave

Busca su presencia.

Busca su sabiduría.

Busca sus revelaciones.

Busca su voluntad al actuar en su palabra.

-Esto es mucho más que rezar con una larga lista en tus manos de lo que necesitas.

5. Los creyentes no deben ser seducidos.

2 Corintios 10:5 nos enseña cómo lidiar con las mentiras habladas contra nosotros.

Notas;

_____

_____

_____

_____

_____

_____

_____

Idolatría – Una abominación para el Señor

La idolatría connota la adoración a algo o alguien diferente a Dios como si fuera Dios.

Sinónimos para idolatría;

Admiración extrema, amor, adoración, adorar, notificación, por reverencia a algo o alguien, o una persona - 'Iglesia' en lugar de Dios.

Cristo nunca tienta o seduce a nadie

Eso significa que; Él Nunca te engañará ni te dirá que está bien andar por el camino incorrecto cuando se refiere a iglesias o congregaciones. Lo que Cristo demanda de ti es que te arrepientes, nazca de nuevo, y empiezas a seguirlo. Entonces Cristo será tu Señor. Si no te llenas con su palabra, no habrá mucho que aprender de Jesús.

Juan 14:26 nos enseña que cuando sigues a Cristo con todo el corazón a través de su palabra, el espíritu Santo te enseñará todas estas cosas. Si estás actuando por lo que está escrito aquí, no irás en la dirección incorrecta. Los sentimientos y las de otras personas que te rodean pueden decirte lo contrario, pero es Cristo quien es nuestro Señor, no nuestros sentimientos.

Satanás es quien nos seduce

Satanás quiere que vayas a la iglesia estoy con agresiones que parecen ser rectas pero que sean en realidad falsas. A Satanás le encanta que no tomes en serio la palabra de Dios, y que en lugar de hacer eso sigas tus sentimientos e intuiciones.

No puedo oír más la importancia de mantenerse cerca del señor en el tiempo que estamos viviendo ahora. Pero si no tomas en serio a Cristo, no podrás ver la verdad, deberías.

1. ¿Qué está escrito en 1 Pedro 4:11?

_____

_____

_____

2. ¿Qué dice proverbios 29:18 sobre las revelaciones divinas?

_____

_____

_____

3. Idolatría - adorar ídolos está prohibido. Dios dice no, el hombre dice Si.

(1) ¿Puede un hombre mentir?

Tu respuesta;_____

(2) ¿Puede Dios mentir? (Titos 1:2)

Tu respuesta;_____

4. ¿Qué dice el Señor en Hechos 7:48?

_____

_____

5. ¿Qué dice la Biblia sobre la idolatría? (Romanos 1:23)

_____

6. ¿En qué consiste la idolatría? (Éxodos 20:4-5)

_____

7. ¿Los idólatras adoran imágenes? (Isaías 44:16-18)

_____

8. ¿Es la idolatría incompatible con el servicio de Dios?
(1 Samuel 7:3-4)

_____

9. ¿Están mirando los idólatras a otros dioses?
(Oseas 3:1)

_____

10. ¿Adoran los idolatras al Dios verdadero mediante una imagen? (Salmos 106:19-21)

_____

11. ¿Cuántos caminos existe hacia el Padre en el cielo?
(Juan 14:6)

_____

_____

Notas;

_____

_____

_____

Respuestas a la Lección 12
Idolatría – Una abominación para el Señor

1. Si no entras a una posición en tu vida para que recibas revelaciones personales del Señor, serás engañado.

2. Sin Revelaciones Divinas, la gente perecerá.

"Donde no hay **visión**, la gente **perecerá**: pero feliz es el que guarda la ley". (Proverbios 29:18 KJV)

Leemos la palabra **visión**, Hebreo; Chazown. Significa; **Revelaciones**.

La siguiente palabra en Proverbios 29:18 es **perecerá**, Hebreo; Para, y significa; **Muerte espiritual - desviarse**.

Si te desvías hacia la muerte espiritual, no hay forma de que puedas enseñar la verdad, sin importar cuán grande sea 'tu iglesia'.

¿Recuerdas este versículo?
"Jesús le contestó: "Yo soy el camino, la verdad y la **vida**. Nadie puede llegar al Padre si no es por medio de mí". (Juan 14:6)

Si tienes a Jesucristo como Señor, tienes vida. Pero si has caído en la muerte espiritual, no estás más que muerto. En ese caso Jesucristo no puede ser tu Señor.

3.

¿Puede un hombre mentir? Si.

¿Puede Dios mentir? No.

4. No vivo en una casa hecha a mano.

Nuevamente vemos que son las personas que han entregado sus vidas al Señor y hacen lo que Él dice quienes están en la única iglesia.

5. Cambia la gloria de Dios por una imagen.

6. Inclinarse ante imágenes. (Seguir-Confiar)

7. Si.

8. Si.

9. Si.
Las tortas de pasas mencionadas en Oseas 3:1 se usaron en la adoración de Baal.

10. Si.

11. Un solo camino.

Idolatría - Parte 2

1. ¿Podría enviar Dios a un hombre superior a los demás hombres a la tierra para reunir a su pueblo, sin escribir sobre eso en la Biblia? (Juan 3:16-18)

_____

2. ¿Es la Virgen María una mediadora entre Dios y la humanidad? (1 Timoteo 2:5)

_____

3. **Cuando expresas Adorado sea María, madre de Dios, le estás orando al reino espiritual.**

¿Qué dice el segundo mandamiento sobre esto?
(Éxodos 20:4-6)

Versículo 4_____

_____

_____

Versículo 5_____

_____

_____

Versículo 6_____

_____

_____

4. ¿Cómo se describe la idolatría?

(1) Gálatas 5:19-20_____

_____

(2) Deuteronomio 16:22_____

_____

(3) Salmos 115:4-8_____

_____

_____

5. ¿Qué hacen los que idolatran?

(1) Deuteronomio 8:19 - Jeremías 18:15_____

_____

(2) Ezequiel 44:10_____

_____

(3) Ezequiel 20:39_____

_____

(4) 2 Reyes 22:17 - Jeremías 16:11_____

_____

(5) 2 Crónicas 19:2-3_____

_____

(6) Isaías 65:3_____

_____

(7) Romanos 1:21-23_____

_____

(8) Salmos 97:7_____

_____

(9) Óseas 4:12_____

_____

(10) Isaías 45:20_____

_____

6. ¿Qué dice Apocalipsis 21: 8 sobre lo que sucederá con todos los idólatras?

_____

_____

7. ¿Puedes ver ahora por qué la ira de Dios caerá sobre aquellos que practican la idolatría? (Éxodos 20:4-5)

_____

_____

_____

8. ¿Por qué habló Jesús sobre la parábola de la levadura a sus discípulos? (Mateo 16:5-12)

_____

_____

_____

_____

_____

Solo cuando camines como el Señor quiere, sabrás la verdad.

"Conocerán la verdad, y la verdad los hará libres".
(Juan 8:32)

Notas;

_____

_____

_____

_____

Respuestas a la Lección 13
Idolatría - Parte 2

1. No, no lo haría. Dios envió a su Hijo unigénito para salvar al mundo. ¡Nadie más!

2. No. Jesús Cristo lo es.

"Porque hay un solo Dios, y hay un solo mediador entre Dios y los hombres: un hombre, Cristo Jesús". (1 Timoteo 2:5)

3. (v4) No te hagas ninguna imagen tallada ni nada que tenga forma de algo que esté arriba en los cielos, abajo en la tierra o debajo en las aguas.

(v5) No te inclines ante esas cosas ni te dejes convencer para servirles, porque yo, el Señor tu Dios, soy un Dios que exige devoción exclusiva. Hago que el castigo por el error de los padres recaiga sobre los hijos, sobre la tercera generación y sobre la cuarta generación de los que me odian.

Si adoras a la Virgen María u otros santos muertos, traes la ira de Dios a tu vida y a las generaciones posteriores. La única forma de solucionar esto es arrepentirse ante Cristo, nacer de nuevo y seguirlo como Él quiere.

(v6) Pero les demuestro amor leal por mil generaciones a los descendientes de los que me aman y obedecen mis mandamientos.

A lo largo de las Escrituras, vemos que hacer lo que Dios dice es el único camino hacia su gracia y misericordia.

4.

(1) Es una obra de la carne.

(2) Odio a Dios.

(3) Vanidoso y tonto.

5.

(1) Olvidan a Dios.

(2) Se alejan de Dios.

(3) Contaminan el nombre de Dios.

(4) Los idólatras abandonan a Dios.

(5) Odian a Dios.

(6) Provocan a Dios.

(7) Son vanos en su imaginación, ignorantes y tontos.

(8) Los idólatras se jactan de su idolatría.

(9) Piden consejo a sus dioses.

(10) Buscan sus ídolos para obtener liberación.

6. Todos terminarán en el lago de fuego.

Si el que está idolatrando deja de hacerlo, se arrepiente y se vuelve a Cristo con todo su corazón, será perdonado.
-Arrepentirse significa dejar de hacerlo. (Nunca más)

7. ?

8. Esto es lo que Jesús dice cuando algo es casi cierto; Es una pequeña mentira (levadura) en el aprendizaje: **todo es mentira**. (Toda la masa está fermentada)

La levadura es una masa fermentada, que en particular se almacenaba en agua en tiempos antiguos para ser utilizada posteriormente como fermentador en una masa recién preparada. En las Escrituras, la levadura se usa para ilustrar la impureza, maldad y mentira, que en esta época tienden a penetrar todo.

Notas;

_____

_____

_____

_____

_____

Epílogo

Es solo cuando los cristianos obedecen la misión mandada en Marcos 16:15 que la vida comienza a vivirse al máximo.

Un corazón que golpea después de continuar a lo que Jesús vino a la tierra para dar su vida, es un corazón que golpea a los no salvos para que escuchen el fantástico evangelio de Jesucristo.

La pieza central en la vida de un cristiano es predicar el evangelio de Jesucristo. Cuando los creyentes no quieren esto, han fallado en lo que es el cristianismo.

Si no estás dispuesto, ni crees que vas a ser testigo en donde sea que estés en el mundo, debe preguntarse si nació de nuevo.

No es posible llenarse con el Espíritu Santo, vivir en una vida de revelaciones y no obedecer los mandamientos del Señor.

Es posible que uno haya renacido una vez, pero si no comenzamos nuestra vida en obediencia y terminamos en una dicha iglesia, uno morirá espiritualmente. Puedes encontrar más información en Hebreos 5.

Los creyentes no buscan a Dios. La mayoría van a un lugar donde un pastor les dice; Esta es la casa de Dios - El Señor me ha puesto aquí para ser su pastor. Aquí tendrá su alimento espiritual, darán el diezmo de sus ingresos, y regalos espirituales.

Este tipo de iglesia ha tomado el lugar de Cristo. Si usted es parte de dicha congregación, no hay otras palabras que decir; El Señor dice: Ve al mundo, entonces no tienes nada que hacer con los incrédulos. (Desobediente)

O vives en victoria con el Señor, o te sientas en los bancos para justificarte.
-¡Es tiempo de que tomes a Cristo en serio!

Muchas gracias por leer este libro

Espero que haya servido de inspiración para ti, y que puedas tomarte la iniciativa de lanzarte al ministerio que nuestro Señor y Salvador Jesús Cristo tiene para ti.

Es esencial que desarrolles un entendimiento Bíblico de quien es nuestro Dios. Dedica tu vida, entrégale todo al Señor nuestro Dios. El dijo que las señales y maravillas vendrán para quienes crean.

Todo lo viejo, todos los deseos carnales, todo lo que va en contra de la palabra de Dios de tu vida, debe ser arrepentido. Todo conocimiento que necesitas debe venir del Señor. El da a todos los que estén dispuestos a dedicar su vida y obedecer sus mandamientos.

Toma asiento, busca al Señor con todo tu corazón, con todas tus fuerzas, y con toda tu mente.
Entonces lo conseguirás.

Mantente actualizado
Hay nuevos libros en camino. Mantente actualizado a nuestro sitio web para nuevas publicaciones.

www.SecretRevelations.com

Que el Señor te bendiga a ti y a los tuyos en abundancia.

Rune Larsen

Dolor o cualquier enfermedad, ¡sé sanado en el nombre de Jesús!

www.ingramcontent.com/pod-product-compliance
Lightning Source LLC
LaVergne TN
LVHW021346080426

835508LV00020B/2136